THE WONDERFUL Wizard of OZ

오즈의 마법사

L FRANK BAUM

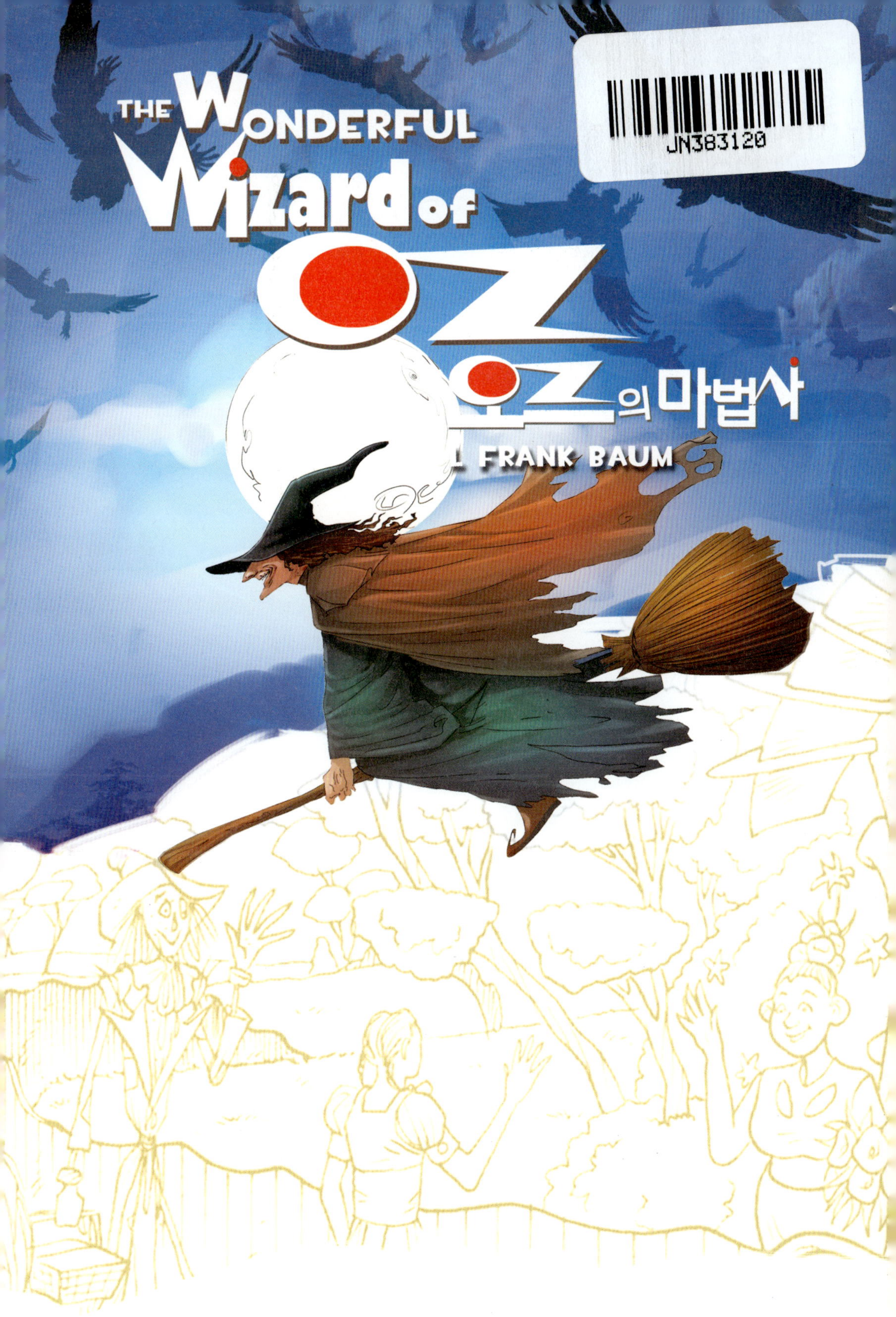

혜지원 CAMPFIRE™

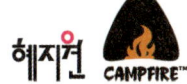

Wordsmith	:	Roland Mann
Penciller	:	Kevin Jones
Illustrations Editor	:	Jayshree Das
Colourist	:	Debu Payen
Letterers	:	Bhavnath Chaudhary Laxmi Chand Gupta
Editors	:	Divya Dubey Eman Chowdhary
Editor (Informative Content)	:	Pushpanjali Borooah
Production Controller	:	Vishal Sharma

Cover Artists:

Illustrator	:	Kevin Jones
Colourists	:	Anil CK Ajo Kurian
Designer	:	Jaya Krishnan KP

Copyright © 2010 Kalyani Navyug Media Pvt Ltd

All rights reserved. Published by Campfire, an imprint of Kalyani Navyug Media Pvt Ltd.
Korean Translation Copyright © 2012 by Hyejiwon Publishing

No part of this publication may be reproduced, stored in a retrieval system, or transmitted in any form or by any means, electronic, mechanical, photocopying, recording, or otherwise, without written permission from the publisher.

About the Author

Lyman Frank Baum was born in New York on 15th May 1856.

As a child, Baum was shy and was often schooled at home. He was also known to retreat into his father's library, and spend hours reading his favourite books. When he was thirteen years old, Baum was admitted into Peekskill Military School. He soon left the school as he found the atmosphere oppressive, and the daily exercises too much of a physical strain.

He then resumed his interest in literature by studying creative writing. With the aid of his father (who had made a great deal of money in the oil business) he purchased a printing press. He used the press to develop his own newspaper, *The Rose Lawn Home Journal*, and wrote articles, poetry, and editorials.

By the time he had turned twenty-five, Baum had developed an interest in the theatrical arts. In New York City, he managed an opera house, wrote plays, and also acted in his own play *The Maid of Arran*.

After leaving theatre, Baum entered into a private business which failed. He then resumed editing a newspaper called *The Saturday Pioneer*. In 1882, he married Maud Gage. It was Maud's mother who guided Baum to success when she suggested he publish some of his nursery rhymes. Published in 1897 as *Mother Goose in Prose*, the collection was a huge success.

In 1900, Baum published his most famous work, *The Wonderful Wizard of Oz*. The book was a phenomenal success and Baum now engaged himself in publishing a wide variety of works.

At the time of his death in 1919, Baum had written no less than thirteen sequels to his first Oz book, and several other children's books under various pseudonyms.

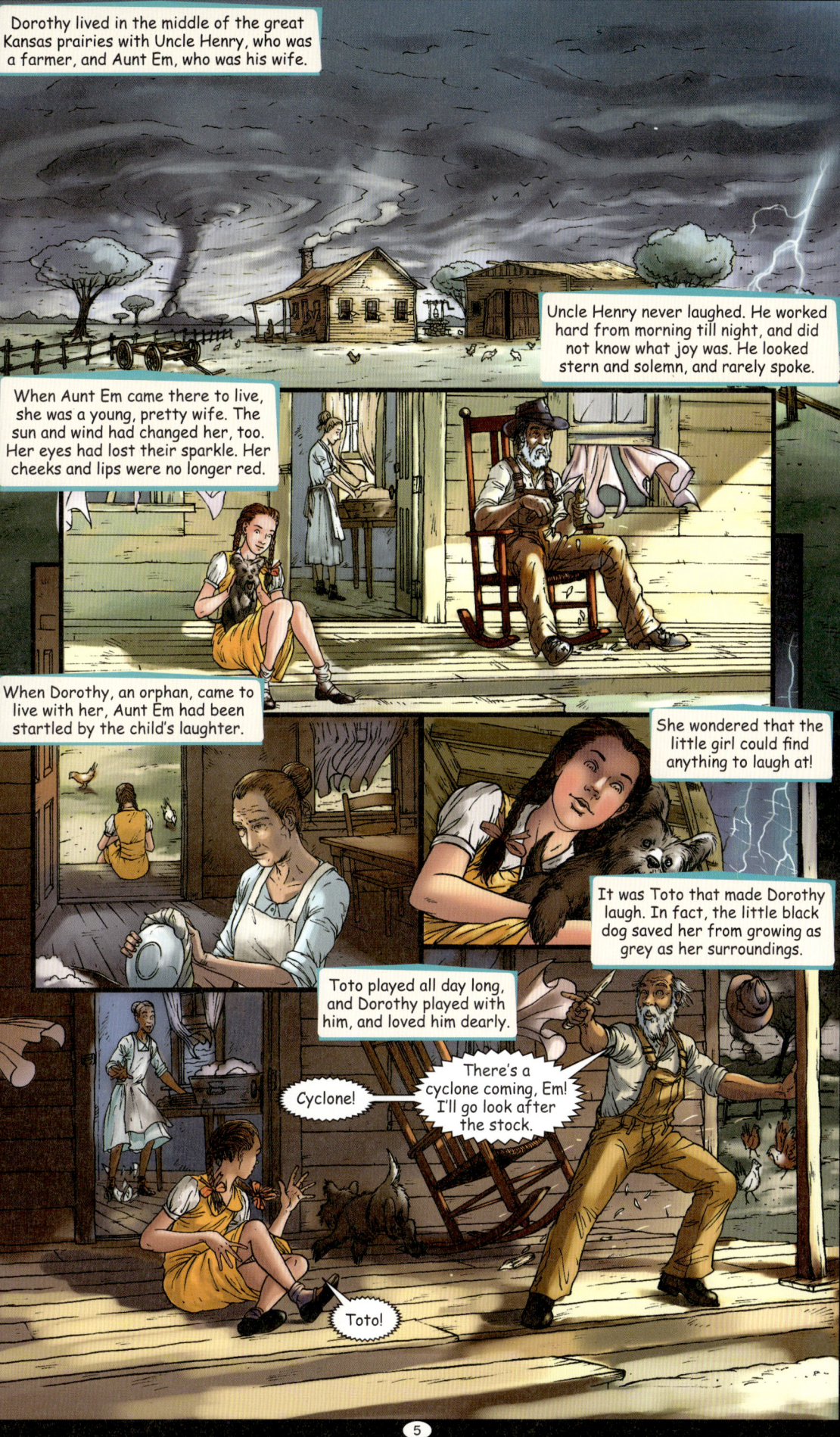

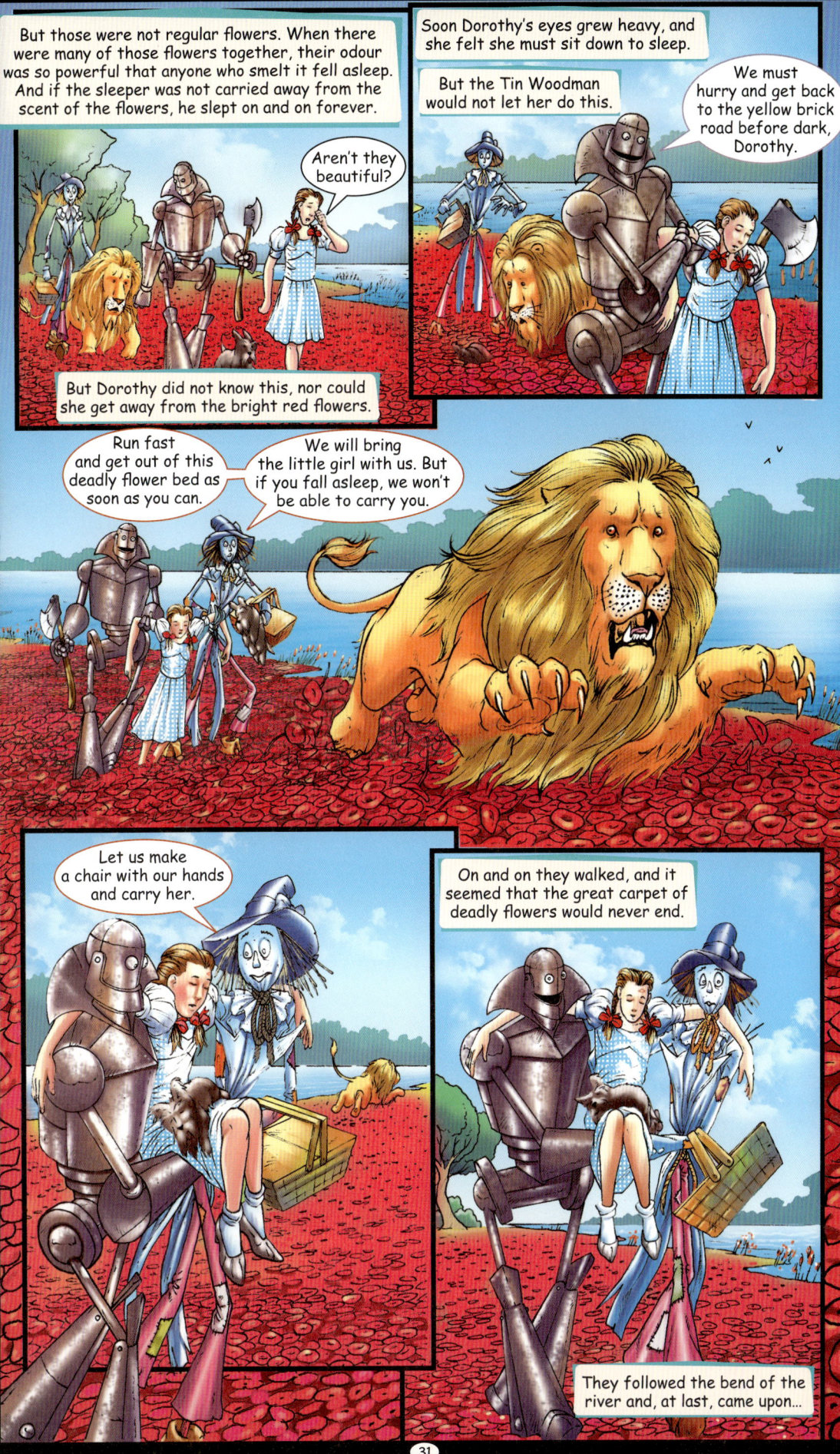

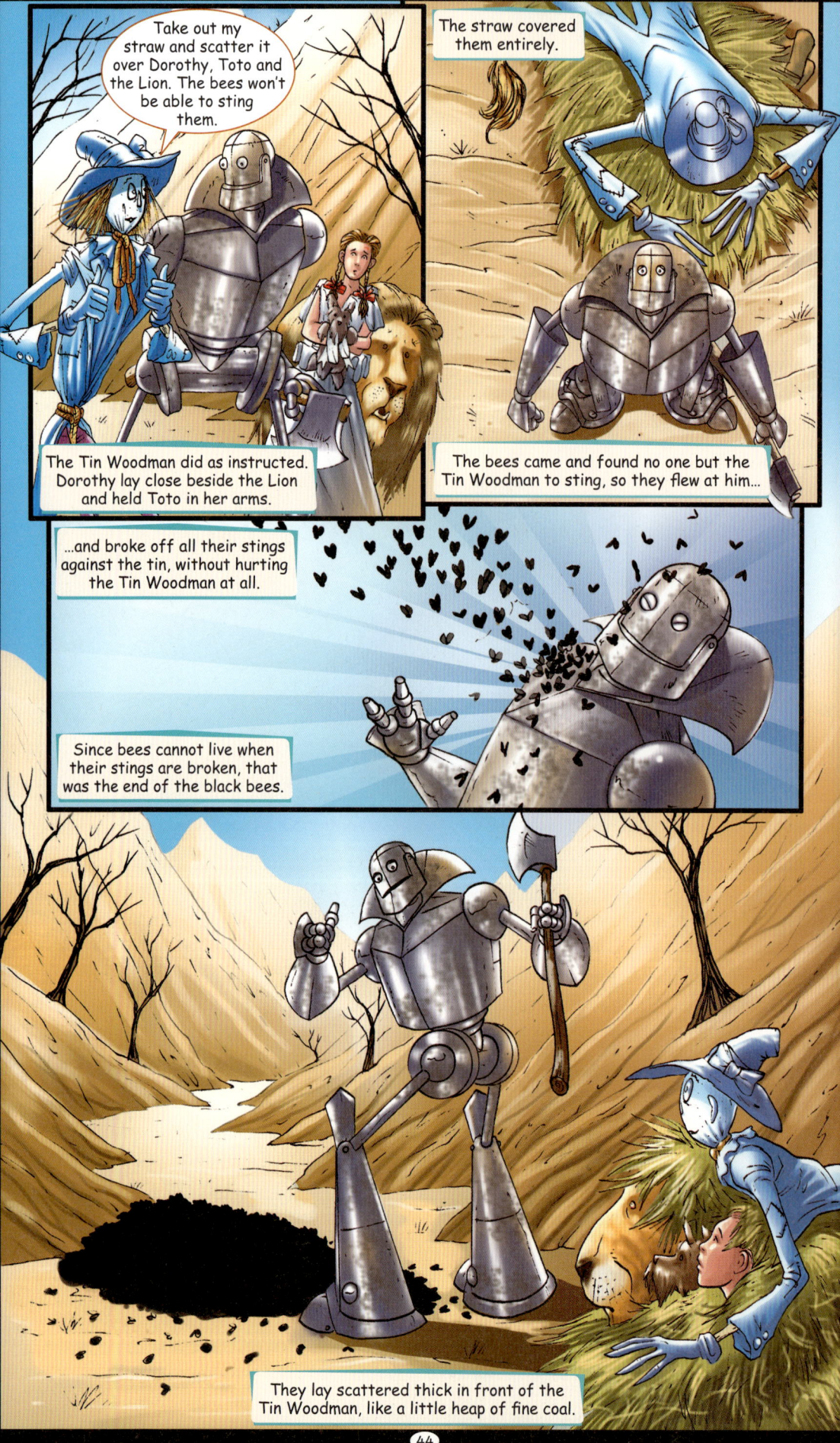

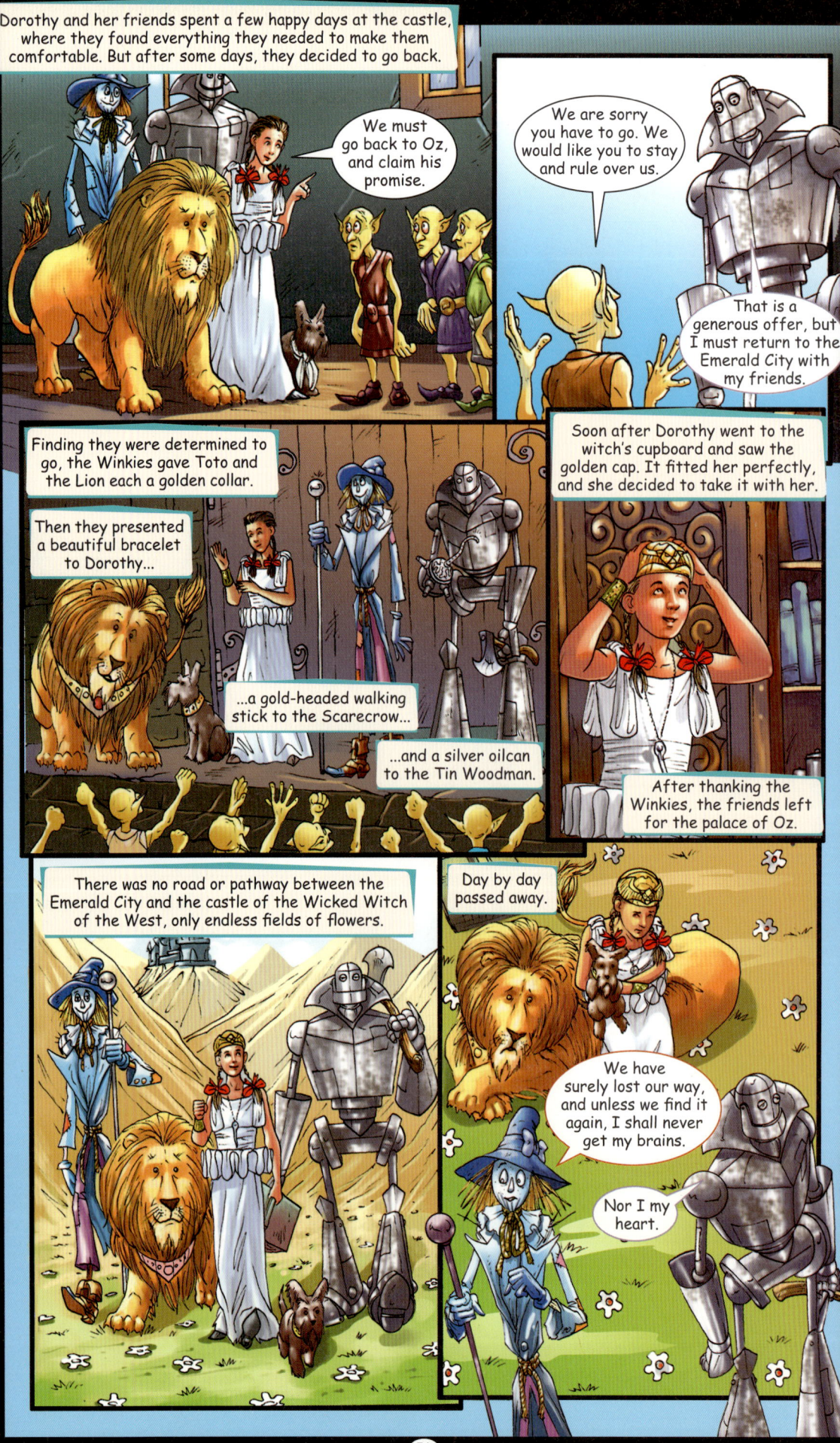

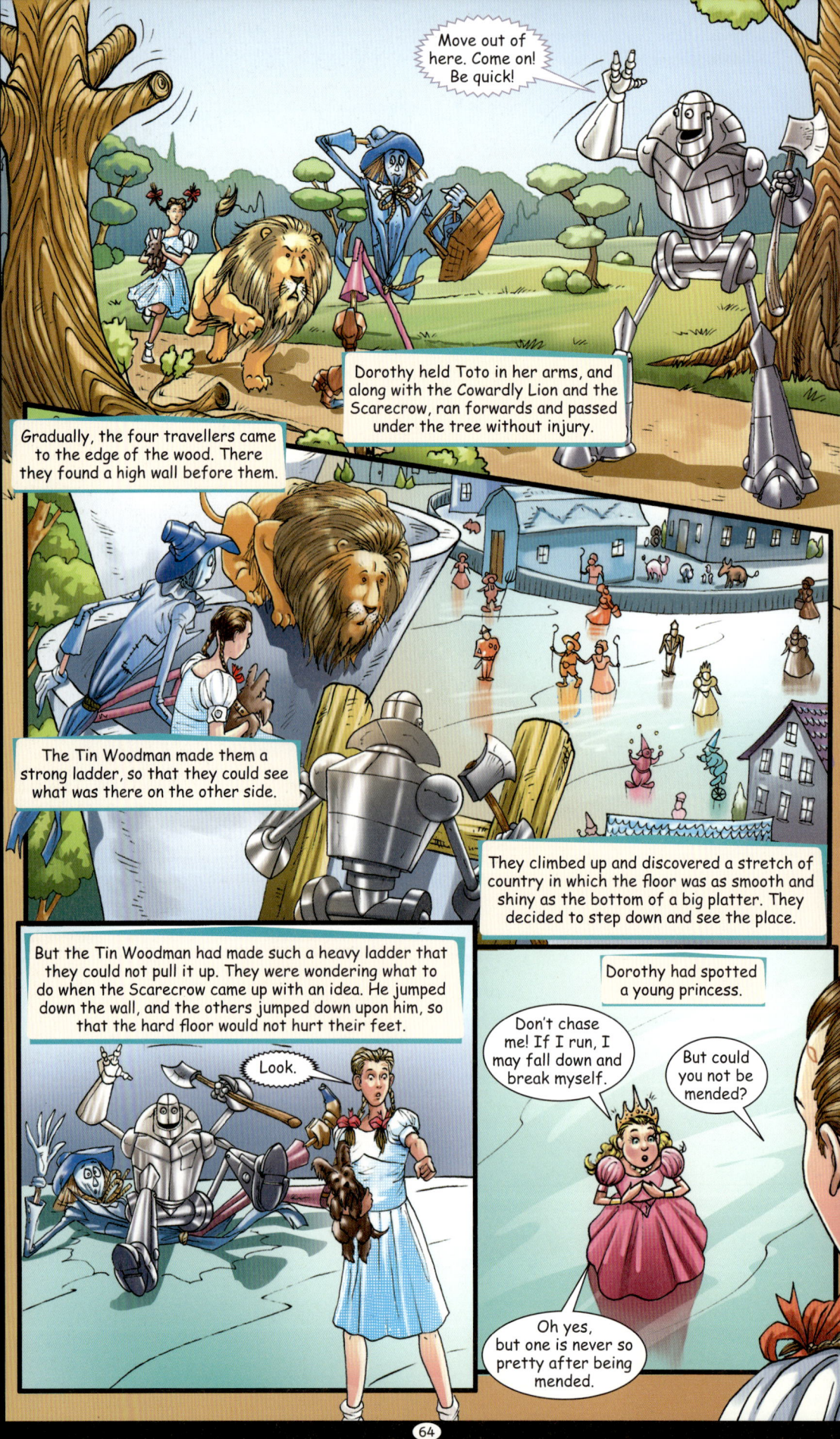

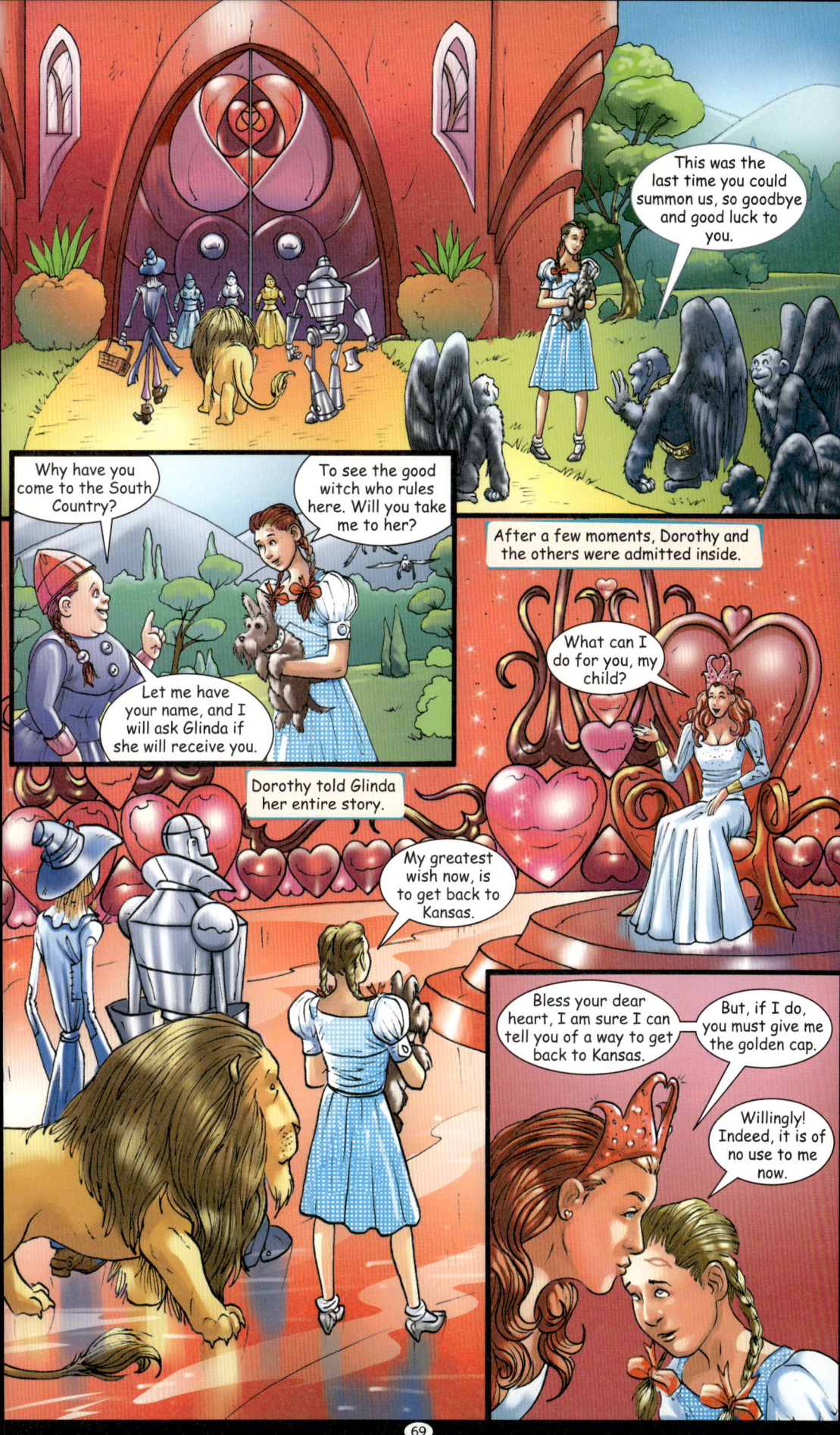

WISE WIZARDS & WILY WITCHES

Wizards

The word 'wizard' is believed to come from the Middle English word 'wysard' which means 'wise man'. The most popular image we have of a wizard is that of an old man with a long, white beard, a flowing robe, and a tall pointed hat. Wizards are more often than not portrayed as being good, and are close advisors to the king or ruler. In ancient times, wizards were healers and people with knowledge beyond their times.

Famous Wizards

Merlin

Long ago, in the days of knights and dragons, one man knew all the secrets of magic. He was the great Merlin and was said to be the greatest wizard that ever lived. Merlin saw the future and could cast powerful spells. Though he has appeared in many tales, Merlin is perhaps most popularly thought of in the Arthurian legends of Britain, in which he is seen as a wise old man who brought the legendary King Arthur to the throne and helped him rule England.

Faust

A very famous German legend tells of Faust, who became the protagonist of a very popular story that was written in many versions. In the most popular version, Johann Faust is a very learned man who summons the Devil and offers to sell him his soul in exchange for knowledge. But in the end, he realises that excessive knowledge can be destructive and he manages to retain his soul. It is from this legend that the word 'Faustian', which pertains to someone striving for knowledge at the cost of anything, has originated.

Alchemists

It is believed that wizards often practised alchemy. Alchemists tried to find ways to help people live forever, and also turn lead and other substances into gold. They searched for the 'Philosopher's Stone' which alchemists believed was the vital tool that could change lead into gold and transform mortals into immortals. Interestingly, it is believed that the famous 17th-century scientist Isaac Newton was also an alchemist. It is said that he spent five years searching for ways to create the substance. No one knows till today if he succeeded or not!

Witches

The most familiar picture of a witch is that of a wrinkled old woman wearing a black robe and a cone-shaped hat. Witches were portrayed as evil women making magic potions to cause harm. In fact, there was such great fear of witches from the 14th to the 18th centuries, that there were laws passed against witchcraft! At the same time, there are also good witches who help people and do no harm.

Famous Witches

Baba Yaga

There is a witch named Baba Yaga in the folklore of Eastern Europe and Russia. A thin old woman whose name means bony legs, Baba Yaga lives in a strange hut in the forest. The hut stands on the legs of a chicken and is encircled by a fence decorated with skulls. Whoever wishes to enter must recite some magic words. Although Baba Yaga helps the hero of a story, she is usually a scary figure.

Circe

In the *Odyssey*, the famous epic of ancient Greece, the hero Odysseus and his men met a witch named Circe. She was the daughter of a god and an ocean nymph. She had the power to turn people into animals and monsters. She lived on an island that was populated with lions, bears, and wolves. They were actually humans who had been transformed by her. She turned some of Odysseus's men into pigs too, but the hero used a special herb to protect himself.

DID YOU KNOW?

Oudewater in the Netherlands is famous for the 'Heksenwaag' (Witches' scales). These were used in the 1500s to give women accused of witchcraft a chance of proving their innocence. The accused were weighed to figure out whether or not they were witches. It was believed that witches had no souls and weighed nothing! Apparently, if you visit this town today you can be weighed and can officially be declared not a witch!

Familiars

Did you ever notice that witches often have a black cat as a pet? Well, it is not exactly a pet but is a familiar. A familiar, more accurately called a 'familiar spirit', is said to be a spirit that has taken the form of an animal. In fact, different animals – right from owls to toads – can be familiars. Witches believe they are ideal partners in their magical workings.

The Lugbara people of Africa believe that toads, snakes, lizards, and jackals are familiars, while for certain Eskimos, the familiar is an artificial seal, and not a live animal.

Hyejiwon English-Korean Graphic Novels Series

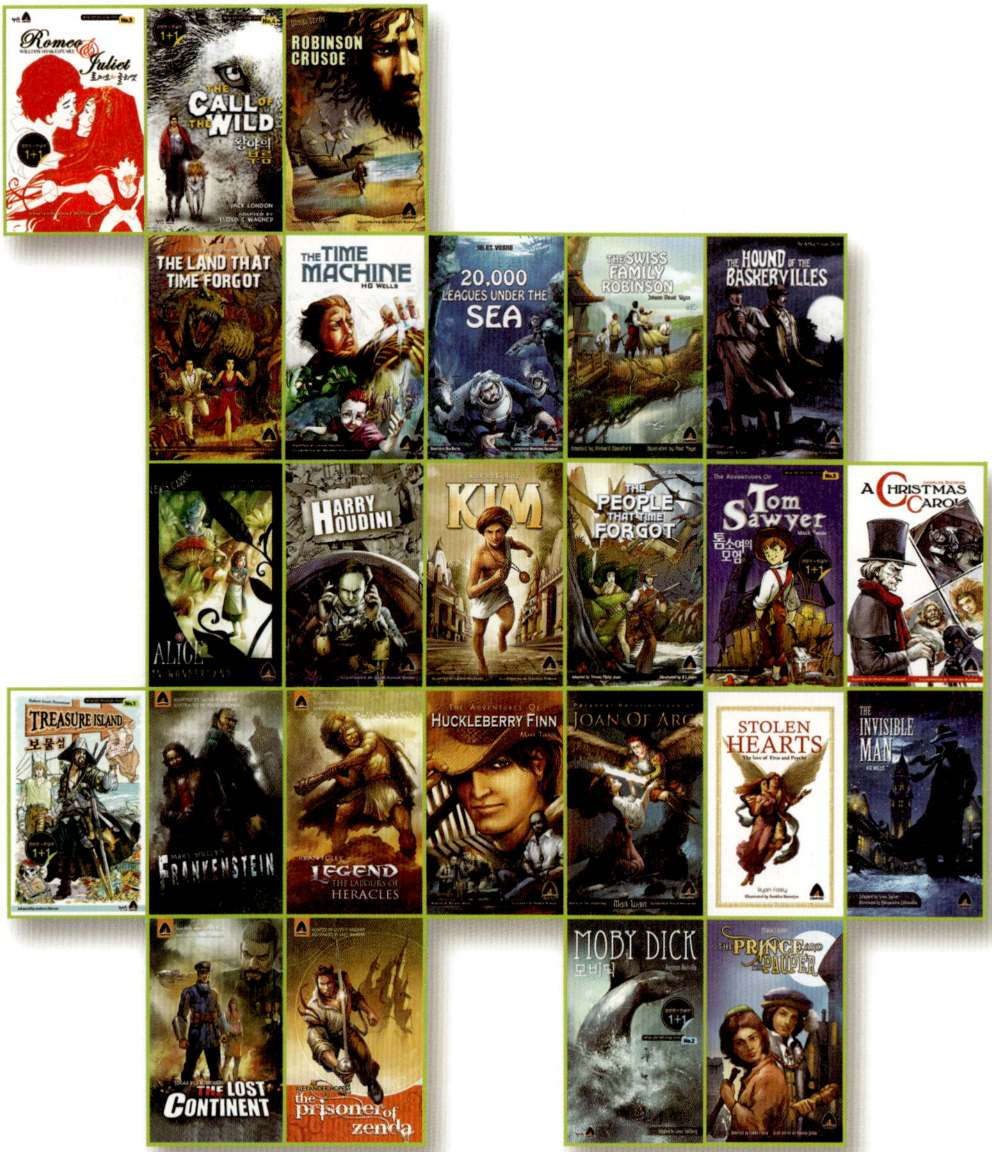

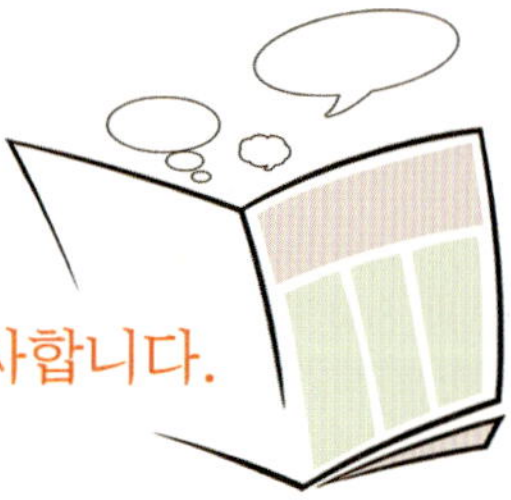

혜지원 영한 대역 그래픽 노블 시리즈는
여러분께 영어 학습 효과는 물론 재미와 감동까지 선사합니다.

그래픽 노블 시리즈
지킬 박사와 하이드 정가 : 12,000원

그래픽 노블 시리즈
베니스의 상인 정가 : 12,000원

그래픽 노블 시리즈
타임머신 정가 : 12,000원

그래픽 노블 시리즈
오즈의 마법사 정가 : 12,000원

헤지원 Graphic Novel Series

그래픽 노블 시리즈
황야의 부름   정가 : 12,000원

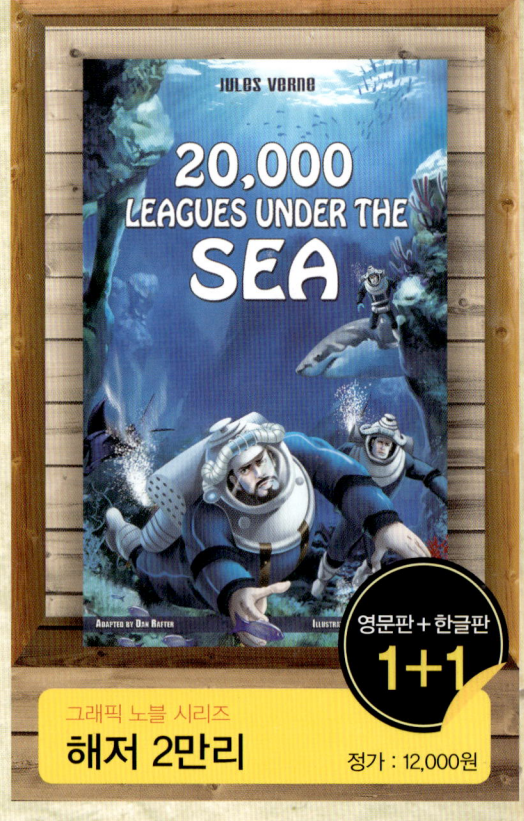

그래픽 노블 시리즈
해저 2만리   정가 : 12,000원

그래픽 노블 시리즈
왕자와 거지   정가 : 12,000원

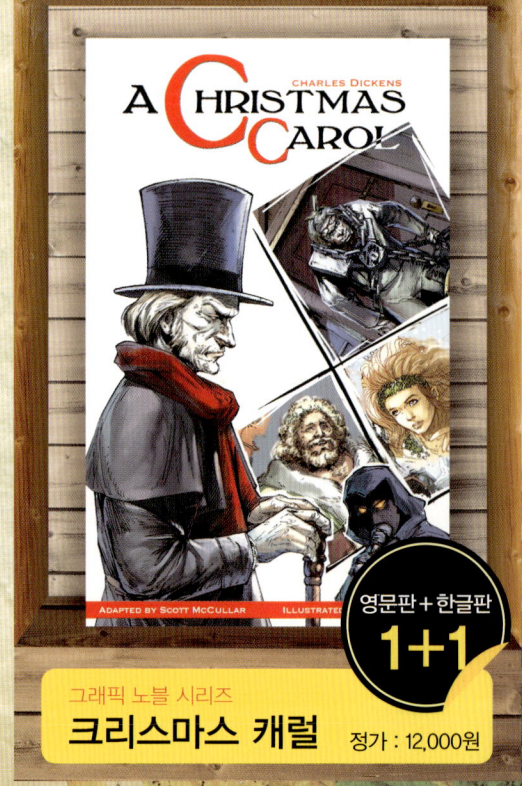

그래픽 노블 시리즈
크리스마스 캐럴   정가 : 12,000원

그래픽 노블 시리즈
로미오와 줄리엣   정가 : 12,000원

그래픽 노블 시리즈
모비딕   정가 : 12,000원

그래픽 노블 시리즈
보물섬   정가 : 12,000원

그래픽 노블 시리즈
톰소여의 모험   정가 : 12,000원

그래픽 노블 시리즈
우주전쟁 정가 : 12,000원
영문판+한글판 1+1

그래픽 노블 시리즈
걸리버 여행기 정가 : 12,000원
영문판+한글판 1+1

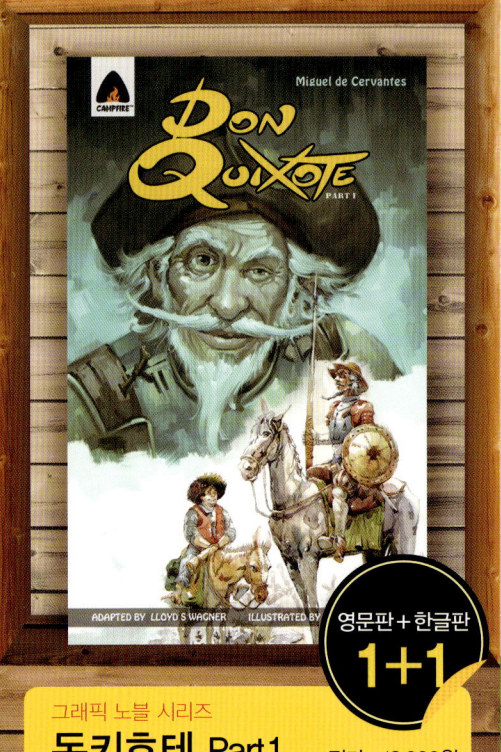

그래픽 노블 시리즈
돈키호테 Part1 정가 : 12,000원
영문판+한글판 1+1

그래픽 노블 시리즈
돈키호테 Part2 정가 : 12,000원
영문판+한글판 1+1

초판 인쇄일 | 2012년 4월 13일
초판 발행일 | 2012년 4월 20일
지은이 | L. Frank Baum
번역자 | 한미전
발행인 | 박정모
발행처 | 도서출판 혜지원
주소 | 서울시 동대문구 장안동 420-3호
전화 | 02)2212-1227
팩스 | 02)2247-1227
홈페이지 | http://www.hyejiwon.co.kr

편집진행 | 김형진, 이희경
전산편집 | 이희경
표지디자인 | 안홍준
영업마케팅 | 김남권, 황대일, 서지영
ISBN | 978-89-8379-718-6
           978-89-8379-710-0 (세트)
정가 | 12,000원

Copyright © 2010 Kalyani Navyug Media Pvt Ltd
Published by Campfire, an imprint of Kalyani Navyug Media Pvt Ltd.
Korean Translation Copyright © 2012 by Hyejiwon Publishing
All rights reserved.
Including the rights of reproduction in whole or in part in any form.

이 책은 한국판 저작권을 Campfire와 혜지원이 독점 계약하여 펴내는 책으로
저작권법에 의해 보호를 받는 저작물이므로 어떠한 형태의 무단 전재나 복제를 금합니다.

● 잘못 만들어진 책은 구입한 서점에서 교환해 드립니다.

작가에 대하여

라이먼 프랭크 바움은 1856년 5월 15일 미국 뉴욕시에서 태어났습니다.

어린 시절, 그는 부끄럼을 많이 타서 자주 집에서 공부하곤 했습니다. 또한 아버지의 서재에 숨어 들어가 좋아하는 책을 읽으며 몇 시간씩 보냈다고 알려져 있습니다. 열세 살이 되던 해에 피크스킬 군사학교에 합격했지만 분위기가 억압적이고 매일 실시되는 훈련 부담 때문에 얼마 안 가 학교를 그만 뒀습니다.

그 후에 바움은 창작공부를 하면서 다시 문학에 관심을 갖게 되었습니다. 그리고 석유사업으로 부자가 된 아버지의 도움으로 인쇄기를 샀습니다. 이어 신문사를 설립하고 '로즈 론 홈 저널'이라는 신문을 발행, 신문에 직접 기사, 시, 사설들을 기고했습니다.

스물다섯 살이 되면서 바움은 극장예술에 흥미를 느끼기 시작했습니다. 뉴욕시에서 오페라 극장을 운영하는가 하면 연극 대본을 썼으며, 자신이 쓴 연극 『애런의 하녀』에 직접 출연하기도 했습니다.

극장 사업을 그만 둔 후 개인 사업에 뛰어들었다가 실패한 적도 있습니다. 그 후 '토요일의 선구자'라는 신문의 편집 일을 다시 시작했습니다. 그는 1882년에 모드 게이지와 결혼했습니다. 바움이 쓴 동요를 출판하도록 권유해 성공시킨 사람이 바로 모드의 어머니였습니다. 1897년에 발표한 『엄마 거위 이야기』 모음집은 그에게 엄청난 성공을 가져다주었습니다.

1900년에 바움은 그의 최고 인기작인 『오즈의 마법사』를 발표했습니다. 그 책은 경이적인 성공을 거두었고, 바움은 매우 다양한 작품 출판에 관여하게 되었습니다.

바움은 1919년 죽기 전까지 13권 이상의 오즈 속편을 썼고, 다양한 필명으로 여러 어린이 책들을 저술했습니다.

혜지원 영한 대역 그래픽 노블 시리즈를 펴내며…

혜지원의 영한 대역 그래픽 노블 시리즈는 오랜 기간 전 세계인들에게 사랑 받아 온 고전과 위인들에 관한 이야기를 만화로 엮었습니다. 긴 시간 많은 사람에게 읽히고 그 가치를 인정 받아 온 고전에는 재미와 빛나는 철학이 담겨 있습니다. 또한 우리는 전기를 통해 저명한 인물의 삶과 시대를 탐험해 볼 수 있습니다.

이러한 고전과 위인전을 영어와 한글 두 가지 버전으로 모두 담아 그 내용을 더욱 깊이 이해하는 한편, 영어 실력 향상도 기대할 수 있도록 했습니다. 각각의 버전을 비교해서 읽으며 영어와 한글의 차이를 느껴 보는 것도 신선한 경험이 될 것이며, 재미있게 영어를 공부하는 기회도 될 것입니다.

상상력을 자극하는 이야기들을 섬세한 그림체로 구현해낸 혜지원의 그래픽 노블 시리즈를 통해 이야기에 더욱 몰입할 수 있습니다. 어렵고 긴 내용을 읽기 편한 길이와 만화로 담아 가독성을 높였으며, 원문을 최대한 살리되 이야기를 효과적으로 전달하기 위해 노력했습니다.

혜지원의 영한 대역 그래픽 노블 시리즈를 통해 이야기가 주는 매력에 푹 빠져 보세요. 상상력의 지평이 더욱 넓어지는 놀라운 경험을 하게 될 것입니다.

현명한 마법사들과 교활한 마녀들

마법사

'마법사'라는 단어는 '현명한 사람'이라는 뜻의 중세 영어단어 'wysard'에서 유래된 것으로 알려져 있습니다. 우리가 마법사에 대해 갖고 있는 가장 일반적인 모습은 길고 하얀 수염에 흘러내리는 가운을 입고 높고 끝이 뾰족한 모자를 쓰고 있는 노인의 모습입니다. 마법사들은 대개 착한 존재이며 왕이나 통치자에 가까운 조언자로 묘사됩니다. 고대에 마법사들은 치유자이며 시대를 뛰어넘는 지식을 소유한 사람들이었습니다.

유명한 마법사들

멀린

아주 오래전 기사와 용이 있던 시절에 한 남자가 마법의 모든 비밀들을 알고 있었습니다. 그가 바로 위대한 멀린이며 가장 위대한 마법사로 불렸습니다. 그는 미래를 내다보았고 강력한 주문을 걸 수 있었습니다. 그는 수많은 이야기 속에 등장하지만, 영국의 아서 왕 이야기에서 전설적인 아서 왕이 왕이 되어 영국을 다스리게 도와준 인물로 가장 많이 알려져 있습니다.

파우스트

파우스트는 유명한 독일 전설에 등장하는 인물로 지금까지 수많은 언어로 번역된 인기 소설 속 주인공입니다. 그 중 가장 일반적인 이야기에서, 요한 파우스트는 학식이 높은 사람으로 악마를 불러내 지식을 얻으려는 목적으로 자신의 영혼을 악마에게 팔겠다고 제안합니다. 하지만 끝에 가서 그는 지나친 지식이 파괴적일 수 있다는 사실을 깨닫고 자신의 영혼을 지키려 애씁니다. 여기에서 '파우스트식 거래'라는 단어가 나왔는데, 이는 어떤 대가를 지불해서라도 지식을 얻으려는 사람을 일컬을 때 사용됩니다.

연금술사

흔히 마법사들이 연금술을 수련하는 것으로 알려져 있습니다. 연금술사들은 사람들이 영원히 사는 방법들을 찾거나 납과 다른 물질들을 금으로 변화시키려고 했습니다. 그들은 '현자의 돌'을 얻고자 했는데, 그것이 납을 금으로 바꿔주고 사람들을 영생의 존재로 만들어준다고 믿었습니다. 재미있는 것은 17세기의 유명한 과학자 아이작 뉴튼 역시 연금술사였다고 합니다. 그는 핵심 물질을 만들어 내는 데 5년을 보낸 것으로 알려져 있는데, 그가 성공했는지 실패했는지 여부는 오늘날까지도 알려져 있지 않습니다.

마녀

흔히 마녀라고 하면 검은색 긴 옷에 고깔모자를 쓴 주름 많은 할머니의 모습을 떠올립니다. 또한 그들은 사람들에게 해를 끼치는 묘약을 제조하는 악녀로 묘사됩니다. 실제로 14세기에서 18세기 사이에 마녀에 대한 두려움 같은 것이 존재해서 마술을 금지하는 법들이 통과되기도 했었습니다! 그와 동시에 사람들을 돕고 해를 주지 않는 착한 마녀들도 있습니다.

유명한 마녀들

바바 야가

동유럽과 러시아의 민간설화에 바바 야가라는 마녀가 등장합니다. '뼈가 앙상한 다리들'이라는 뜻의 이름을 가진 깡마른 할머니 바바 야가는 숲 속에 있는 기괴한 움막에 살지요. 그 움막은 닭다리 위에 세워져 있고 해골들로 장식된 울타리에 둘러싸여 있습니다. 들어가고 싶은 사람은 누구나 주문을 외워야 합니다. 비록 바바 야가가 이야기 속 영웅을 돕기는 하지만 대개는 무서운 존재로 표현됩니다.

키르케

유명한 고대 그리스의 서사시 오디세이에서, 영웅 오디세우스와 부하들이 키르케라는 마녀를 만납니다. 그녀는 신과 바다 정령의 딸이었습니다. 사람을 동물과 괴물로 둔갑시키는 힘을 갖고 있었으며 사자, 곰, 늑대들이 사는 섬에 살았지요. 섬에 살고 있는 동물들은 키르케 때문에 동물이 된 사람들이었습니다. 그녀가 오디세우스의 부하 몇 명을 돼지로 둔갑시켰으나, 영웅은 특별한 허브를 사용해 스스로를 보호했습니다.

알고 있나요?

네덜란드의 오드워터는 '마녀들의 저울'로 유명합니다. 그곳에 있는 저울들은 1500년대에 마법을 부렸다고 비난받던 여자들에게 무죄를 증명할 기회를 주기 위해 사용된 것들이라고 합니다. 여자들은 자신이 마녀가 아님을 밝히기 위해 저울 무게가 올라가고 그 당시 사람들은 마녀들에게는 영혼이 없어서 무게가 전혀 나가지 않는다고 믿었습니다. 오늘날 오드워터를 방문하는 사람들은 이 저울에서 몸무게를 달아보고 자신이 마녀가 아님을 공식적으로 인정받는다고 하네요.

친숙한 영혼

여러분은 마녀들이 자주 검은 고양이를 애완동물처럼 데리고 있는 것을 눈치 챘나요? 정확히 말하면 애완동물이 아니라 '친숙한 것'입니다. 좀 더 이해하기 쉽게 표현하면 '친숙한 영혼'으로, 동물의 모습을 취한 영혼인 것이죠. 실제로 올빼미에서부터 두꺼비까지 각양각색의 동물들이 '친숙한 영혼'이 될 수 있습니다. 마녀들은 그들을 마법을 수행하는 데 가장 이상적인 동반자라고 믿고 있습니다. 아프리카의 루그바라 족들은 두꺼비, 뱀, 파충류, 자칼을 '친숙한 영혼'으로 믿는 반면, 어떤 에스키모인들은 '친숙한 영혼'을 살아있는 동물이 아닌 인조 바다표범으로 믿기도 합니다.

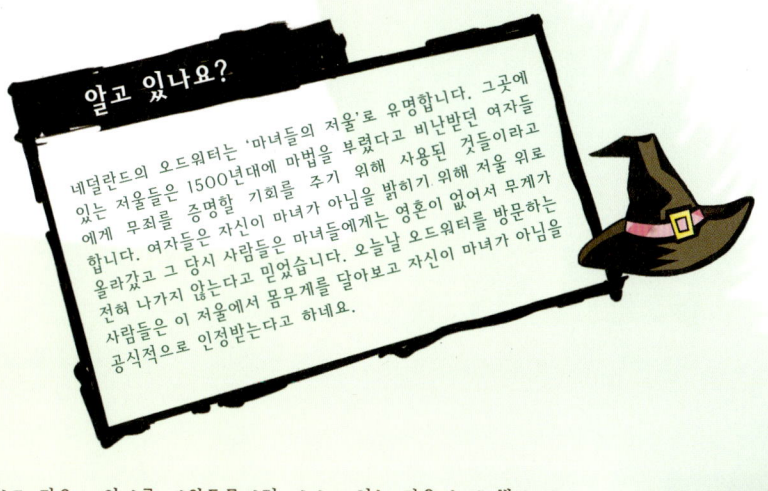

Hyejiwon English-Korean Graphic Novels Series

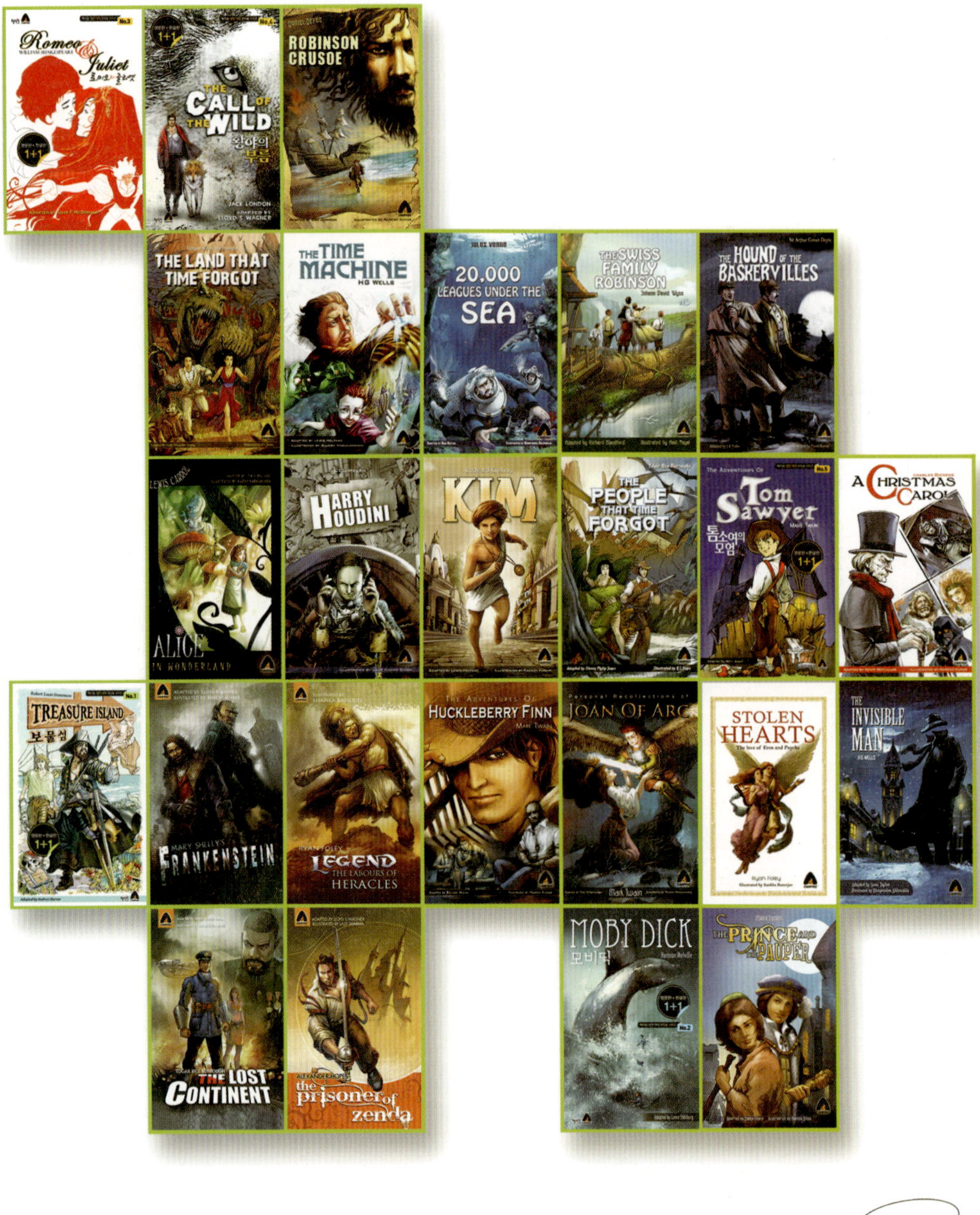

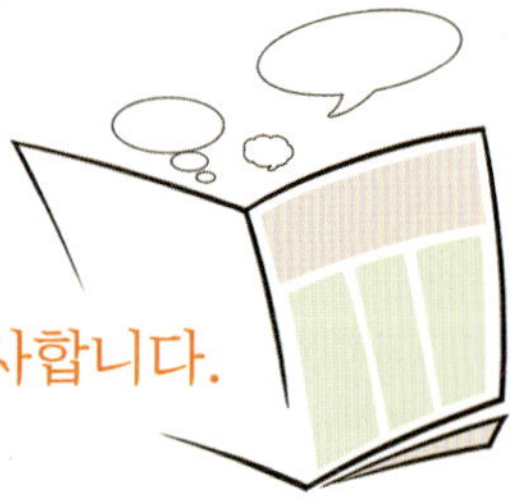

혜지원 영한 대역 그래픽 노블 시리즈는
여러분께 영어 학습 효과는 물론 재미와 감동까지 선사합니다.